MW00511041

# Inglés Sin Barreras

*29 Historias desde Nivel Principiante hasta Avanzado para Aprender Ingles de Forma Rápida y Sencilla*

## Carlos Rivera

# Copyright © 2021

# Tabla de contenido

**INTRODUCCIÓN** .................................................................. **8**

**HISTORIAS DE NIVEL AVANZADO** ............................................ **12**

HISTORIA 1 .................................................................... 12

Español: Asustado ........................................................ 12

English: Scared ............................................................ 14

HISTORIA 2 .................................................................... 16

Español: Una belleza verdadera ...................................... 16

English: A True Beauty ................................................. 18

HISTORIA 3 .................................................................... 21

Español: Robo ............................................................. 21

English: Stealing .......................................................... 23

HISTORIA 4 .................................................................... 25

Español: Cicatrices ....................................................... 25

English: Scars ............................................................. 26

HISTORIA 5 .................................................................... 28

Español: La fea del salón ............................................... 28

English: The Ugly One in The Class ................................. 31

HISTORIA 6 .................................................................... 35

Español: La peor cita de la historia ................................. 35

*English: The Worst Date Ever* ................................................................ *36*

HISTORIA 7 ............................................................................................. *39*

*Español: ¡No aguanto a mi suegra!* ........................................................ *39*

*English: I Can't Stand My Mother-in-law!* ............................................. *41*

HISTORIA 8 ............................................................................................. *45*

*Español: Aves inusuales* ......................................................................... *45*

*English: Unusual Birds* .......................................................................... *46*

HISTORIA 9 ............................................................................................. *48*

*Español: La barbería* .............................................................................. *48*

*English: Barber Shop* .............................................................................. *51*

HISTORIA 10 ........................................................................................... *55*

*Español: Historia de un camarero* .......................................................... *55*

*English: Story of a Waiter* ...................................................................... *59*

HISTORIA 11 ........................................................................................... *64*

*Español: Conductor de taxi* .................................................................... *64*

*English: Taxi Driver* ............................................................................... *65*

HISTORIA 12 ........................................................................................... *68*

*Español: Enfermera* ................................................................................ *68*

*English: Nurse* ........................................................................................ *70*

HISTORIA 13 ........................................................................................... *73*

*Español: La fiesta* ................................................................................... *73*

*English: The Party* .................................................................................. *77*

HISTORIA 14 ...................................................................................... 81

*Español: ¿Hermanas o enemigas?* ..................................................... 81

*English: Sisters or Enemies?* .............................................................. 84

**CONCLUSIÓN** ...................................................................................... 88

# Introducción

Es extremadamente beneficioso a nivel personal y profesional tener conocimientos de inglés. Quizás una de las principales razones por las que deberías estudiar inglés es porque es esencial cuando estás viajando y cuando estás buscando un trabajo. El inglés da acceso a una mejor educación y por lo tanto también la posibilidad de un mejor trabajo o una mejor posición. Las oportunidades de trabajo se multiplicarán tan pronto como domines el idioma porque te abre las puertas del mundo. Por esta razón, muchas personas deciden aprender inglés para poder acceder a becas o trabajos en países de todo el mundo, incluso si no eres angloparlante. Muchos trabajos, carreras y estudios requieren un nivel mínimo de inglés. Por estas razones, aprender inglés y dominarlo trae muchas oportunidades.

Más que escribirlo, es importante hablarlo cuando se trata de personas, ya sea para viajar, trabajar, estudiar o simplemente para relacionarse. No tendrás un cuaderno a mano cuando tengas que comunicarte.

Así que no aprendiste la gramática antes de hablar tu lengua materna, sino que la interiorizaste después de escucharla mucho. Cuando tenías una base sólida, es cuando te enseñaron la gramática, las estructuras y los tiempos verbales. Ciertamente, tienes que empezar por escuchar el inglés y entender el 90% de él (como hacen los niños), no usando textos gramaticales complicados sino situaciones de la vida real.

**Si dudas que aprenderás todo eso con este libro aquí están las razones por las que este método es efectivo:**

**Aprende con tus oídos, no con tus ojos**

Cuando hablas inglés, las palabras y frases se oyen, no se ven. La mayoría de las escuelas, academias o cursos se empeñan en enseñar a ojo a través de los libros de texto y olvidan la pronunciación; olvidan la importancia de escuchar y hablar. Escuchando activamente y con frecuencia el material de audio aprenderás mucho vocabulario, gramática y expresiones a través de estas historias sin reglas aburridas y complicadas.

**Aprenda de situaciones de la vida real a través de historias**

Aprender un idioma es fácil cuando escuchamos algo y lo repetimos. Esto nos permite entender la gramática sin mucho estudio y eso permanece en nuestra memoria a largo plazo. Los libros de texto proponen contenidos que aún no dominamos y, por eso, nos lleva mucho más tiempo aprenderlos. Sin embargo, el aprendizaje a través de historias con diferentes temas te ayudará a entender los tiempos verbales, la conjugación y la gramática, lo que te dará la posibilidad de entender y hablar inglés con fluidez como lo hacen los nativos.

**Método científicamente probado**

A lo largo de los años, se han realizado muchos estudios que demuestran que el mejor método para aprender inglés es a través de la escucha y luego las reglas gramaticales.

Con este audiolibro podrás aprender vocabulario y pronunciación a través de historias de la vida cotidiana. Este es un método muy efectivo para poder hablar inglés con fluidez también.

En este libro encontrarás muchas historias que primero están en español y luego en inglés. De esta manera serás capaz de entender lo que estás escuchando y relacionar las palabras y el contexto. Luego, al final de la lectura, serás capaz de continuar con ella en inglés y entender las estructuras gramaticales, expresiones y palabras que no conocías antes.

# Historias de nivel avanzado

## Historia 1

### Español: Asustado

Mi mejor amigo Juan y yo somos muy unidos, nos llamamos constantemente y nos poyamos el uno al otro. Un día recibo una llamada suya

— Aló, Jesús?

— Si, dime hermano ¿Qué pasa?

— Voy a mudarme, ¿quieres acompañarme a mirar algunas casas y apartamento?

— ¿No piensas preguntarme como estoy? Que mal educado

— Jajaja, yo sé que estas bien amigo pero… ¿Cómo estas hoy?

— Jajaja, solo bromeo. Pero estoy muy bien ¿y tú como estas?

— Estoy muy bien amigo, me alegra que tú estés bien

— Que bueno. Con respecto a tu petición ¿a qué hora iremos?

— ¿A las 2 de la tarde?

— ¿Qué? A esa hora estoy despertando de mi siesta luego del almuerzo

— Haz un esfuerzo y acompáñame

— Está bien

— Te recogeré en mi auto a 1:45

— Está bien, llámame

Mi amigo llegó a tiempo, lo que era muy inusual para él, y fuimos a ver algunos apartamentos que eran todos diferentes en calidad, ubicación y precio. Lo mejor es que nos recibieron con bebidas gratis y algunos bocadillos. Luego el agente inmobiliario nos llevó a una zona de la ciudad para ver algunas casas. Cuando salimos del coche el agente inmobiliario recibió una llamada y rápidamente nos dijo que podíamos ir a ver el patio central y nos señaló la casa con las barras blancas. Entramos a dos casas sin tocarlas con mucha seguridad y encontramos dos perritos muy lindos y los tomamos en nuestros brazos para acariciarlos, entonces vimos lo que parecía ser su mamá muy enojada que empezó a correr hacia nosotros y ambos corrimos en la misma dirección hasta que dividimos nuestros caminos. Pero en un momento nuestros caminos se volvieron a cruzar y la madre enojada venía a toda velocidad hacia nosotros y nos dimos cuenta de que nunca soltábamos a los cachorros, así que antes de que pudiera acercarse a nosotros los soltamos y la madre de los cachorros agarró a uno en su hocico y el otro caminó a su lado. Estábamos cerca del coche y ya cansados y entramos para recuperar el aliento. El agente, muriéndose de risa, nos dijo que la casa era la de al lado y no la que nosotros entramos, que de hecho ambas tenían advertencias. La que debíamos entrar tenía un cartel que decía "se vende" y la casa en la que entramos tenía un cartel de advertencia de "perro bravo".

— ¿Quieren ver la casa ahora? Nos dijo la joven

— ¿Sabes qué? Amo los apartamentos, hay uno que me encantó, no hay que buscar más opciones, dijo mi amigo Juan.

Ahora mi hermano vive en un apartamento y ambos leemos los avisos con más atención.

## English: Scared

My best friend Juan and I are very close, we call each other constantly and we support each other. One day I get a call from him

— Jesus?
— Yes, tell me brother, what's new?
— I am going to move, do you want to accompany me to look at some houses and an apartment?
— Won't you ask me how I am? How rude
— Hahaha, I know you're fine friend but... How are you today?
— Hahaha, I'm just kidding. But I'm fine, how are you?
— I am very well friend, I am glad that you are well
— That good. Regarding your request, what time will we go?
— At 2:00 p.m.?
— What? At that time I'm waking up from my nap after lunch
— Make an effort and join me
— It's okay
— I'll pick you up in my car at 1:45
— Ok, call me then

My friend arrived on time, which was very unusual for him, and we went to see some apartments that were all different in quality, location and price. The best thing is that they welcomed us with free drinks and some snacks. Then the real estate agent took us to an area of the city to see some houses. When we got out of the car the realtor got a call and quickly told us that we could go ahead and look at the central courtyard and pointed out the house with the white bars. About 2 houses we entered without touching very safely and we found 2 very cute little dogs and we took them in our arms to pet them, then we saw what seemed to be their very angry mom who started running towards us and we both ran in the same direction until we divided our paths. But at one point our paths crossed again and the angry mother was coming at full speed towards us and we realized that we never let go of the puppies so before she could get close to us we let go of them and the mother of the puppies grabbed one on her snout and the other walked beside her. We were close to the car and already tired and we went inside to catch our breath. The agent, dying from laughter, told us that the house was the one next door and not the one we entered, that in fact both of them had warnings. The one we were supposed to enter had a sign that said "for sale" and the house we entered had a warning sign of "mad dog".

- — Do you want to see the house now? The young woman told us
- — You know what? I love the apartments, there is one that I loved, you don't have to look for more options, said my friend Juan.

Now my brother lives in an apartment and we both read the notices more carefully.

# Historia 2

## Español: Una belleza verdadera

Una vez, una chica que no se consideraba bella porque tenía ojos demasiado grandes para su cabeza, tenía el pelo rizado y negro y era de baja estatura. La verdad es que esta chica superó a todas las demás en belleza porque poseía la mejor belleza que existe; tenía pureza de corazón.

Un día en su escuela secundaria anunció que pronto sería el baile y que tendrían que elegir a sus parejas y comprar las entradas. Ese mismo día todos tenían su pareja excepto la chica de los ojos grandes. Pasaron dos semanas y pronto sería el día del baile y la chica no tenía pareja. Un amigo le pidió

"Amelia, ¿vas a ir al baile, ya te ha invitado algún chico?"

"No, todavía no, y no creo que nadie lo haga tampoco."

"No seas tonta", dijo su amiga, "pronto tendrás una propuesta."

"No quiero ser una Julia pesimista. Llevas gafas, mira, no soy una apuesta."

"Crees que no lo eres, Amelia. Puede que no tengas los estándares de belleza que a todo el mundo le gustan, pero tienes una gran personalidad, una mente brillante y un gran sentido del humor."

"Le dicen esas cosas a la gente fea para no sentirse mal, pero ¿sabes qué? Iré solo, no importa"

"Puedes ir conmigo"

"Perfecto"

De camino a casa se encuentra con un chico de su escuela que era incluso más feo que ella - porque eso es lo que dijo en su mente - en la parada del autobús. Sin motivo alguno le pregunta:

"Oye Jonás, ¿tienes una cita para el baile, has invitado a alguien?"

"No," él responde.

"¿Por qué no vas conmigo?" Amelia dice. Después de decir esas palabras pensó en por qué había dicho eso.

"¿En serio?"

"Sí, creo que seremos la mejor pareja de baile y saldremos a la pista de baile, podríamos ganar el primer lugar, soy un bailarín, ¿sabes?"

"No, no tenía ni idea. No sé bailar, vayamos a mi casa y empecemos hoy"

"Bien"...

Ambos chicos empezaron a practicar en el garaje de Amelia, riéndose y pasándolo bien.

El día del baile Jonas recoge a Amelia en un viejo pero elegante coche, pero ella no puede verlo bien porque estaba oscuro.

Cuando llegan a la escuela, sale rápidamente y se da la vuelta para abrir la puerta. Cuando ella lo vio se sorprendió, no podía creer que fuera Jonas, parecía un tipo diferente. Se veía muy guapo.

Entraron los dos y todos los ojos se posaron en ellos.

Cuando el concurso de baile empezó, ambos bailaron tan bien que definitivamente iban a ganar. Tuvieron la mejor noche de sus vidas. Casi al final de la noche iban a anunciar al rey y la reina del baile además de los ganadores del concurso. Ambos chicos estaban hablando sin prestar mucha atención.

"Y los ganadores son..."

"AMELIA Y JONAS" todos gritaron en ese baile

Ambos chicos se habían convertido en una auténtica belleza, ya que se habían propuesto pasarlo bien y se sentían bien consigo mismos.

## English: A True Beauty

Once a girl who thought she was not beautiful because she had eyes too big for her head had curly, black hair and was short in stature. The truth is that this girl surpassed all others in beauty because she possessed the best beauty there is; she had purity of heart.

One day in her high school she announced that soon it would be the dance and that they would have to choose their partners and buy the entrance tickets. That same day everyone had their partner except the girl with the big eyes. Two weeks went by and soon it would be prom day and the girl had no partner. A friend asked her

"Amelia, are you going to the dance, has any boy invited you yet?"

"No, not yet, and I don't think anyone will either."

"Don't be silly," said her friend, "you'll get a proposal soon."

"I don't want to be a pessimist Julia. You wear glasses, look, I'm not a bet."

"You think you're not, Amelia. You may not have the standards of beauty that everyone likes but you have a great personality, a brilliant mind and a great sense of humor."

"They say those things to ugly people so they don't feel bad, but you know what? I'll go alone, it doesn't matter"

"You can go with me"

"Perfect"

On her way home she meets a boy from her school who was even uglier than her - for that is what she said in her mind - at the bus stop. For no reason she asks him:

"Hey Jonah, do you have a date for the dance, have you invited anyone?"

"No," he answers.

"Why don't you go with me?" Amelia says. After saying those words she thought about why she had said that.

"Really?"

"Yes, I think we'll be the best dance couple and we'll hit the dance floor, we could win first place, I'm a dancer, you know?"

"No, I had no idea. I don't know how to dance, let's go to my house and start today"

"Okay"

Both boys started practicing in Amelia's garage, laughing and having a great time.

On the day of the dance Jonas picks up Amelia in an old but stylish car but she can't see it well as it was dark.

When they arrive at the school he quickly gets out and turns around to open his door. When she saw him she was shocked, she couldn't believe it was Jonas, he looked like a different guy. He looked very handsome.

They both came in and all eyes fell on the two of them.

When the dance contest started they both danced so well that they were definitely going to win. They had the best night of their lives. Almost at the end of the night they were going to announce the king and queen of the dance in addition to the winners of the contest. Both boys were talking without paying much attention.

"And the winners are..."

"AMELIA AND JONAS" they all shouted at that dance

Both boys had become a genuine beauty, as they had set out to have a good time and felt good about themselves.

# Historia 3

## Español: Robo

M i trabajo está lejos de mi casa y a veces me quedo más tiempo del que debería en la oficina. A veces me pagan horas extras y otras no, pero la mayoría de las veces soy yo quien cierra la oficina porque soy el último en salir. Nunca me había pasado nada en el camino a casa. La mayoría de los robos son siempre de noche, y siempre que iba a casa pensaba en ello y trabajaba en ser cuidadoso y alerta.

Todas las mañanas me levanto a las 5 de la mañana para ir a trabajar como todos los días. La noche anterior había preparado mi ropa e incluso mi desayuno y tenía todo listo, así que estaba listo mucho antes y salí de casa más temprano que de costumbre.

Salí de casa, subí al autobús para ir al trabajo, me senté y comprobé mi teléfono móvil como solía hacer. En la siguiente parada un hombre entra y mira a todo el mundo pero se sienta a mi lado, aunque todavía había asientos vacíos delante. El hombre miró mi celular y se sintió incómodo porque pensé que sólo tenía curiosidad y le gustaba ver las conversaciones de los demás. Durante todo el camino hasta la parada donde me iba a bajar, el hombre me miraba fijamente. Estaba nervioso, porque actuaba de forma muy extraña.

El autobús se detiene en la parada y me bajo con prisa y no miro atrás. En un momento dado miró hacia atrás y el hombre estaba caminando y mirándome fijamente. Estaba asustado y seguí caminando tan rápido como pude. Alguien me pasó de prisa y fue ese hombre; él me había pasado.

Entonces me sentí aliviado, pero no del todo. Porque las calles no estaban tan llenas. Tenía la sensación de que todavía estaba en peligro. Sigo caminando y a una cuadra de mi casa trabajo en un callejón un chico de mi edad o tal vez más joven, no sé, y con una pistola me apuntó y me dijo que le diera mi billetera. No puedo ni moverme, estoy en shock. Entonces el tipo toma mi cartera, saca mi celular y se va. Dentro de mi cartera había muchas cosas importantes. Mi C.D., mis llaves, tarjetas, papeles importantes, ya sabes, las cosas habituales que alguien lleva en su cartera.

Entonces, el hombre que estaba sentado a mi lado vio lo que estaba pasando y corrió tras el ladrón, pero yo grité con todas mis fuerzas para que se detuviera, era algo muy arriesgado.

Le dije que estaba seguro de que me robarían, pero pensé que sería él. El hombre me dijo que estaba sorprendido de que no lo reconociera porque había estado trabajando como guardia de un edificio durante dos semanas.

Los días del robo recibí uno de la comisaría de policía diciéndome que habían recuperado mi cartera y que debía ir a la comisaría a recogerla. Ese joven había sido arrestado por otros robos y entre las cosas que encontraron en su casa estaba mi billetera. Sin embargo, no pude recuperar mi teléfono.

# English: Stealing

My work is far away from my home and sometimes I stay longer than I should at the office. Sometimes I get paid overtime and sometimes I don't, yet most of the time I was the one who closed the office because I was the last one to leave. Nothing had ever happened to me on the way home. Most robberies are always at night, and whenever I went home I thought about it and worked on being careful and alert.

Every morning I wake up at 5 am to go to work like I do every day. The night before I had prepared my clothes and even my breakfast and had everything ready so I was ready much earlier and left home earlier than usual.

I left the house, got on the bus to go to work, took a seat and checked my cell phone as I used to do. At the next stop a man enters and looks at everyone but sits down next to me even though there were still empty seats ahead. The man looked at my cell phone and was uncomfortable because I thought he was just curious and liked to watch other people's conversations. All the way to the stop where I was to get off, the man was staring at me. I was nervous, because he was acting very strange.

The bus stops at the stop and I get off in a hurry and don't look back. At one point he looked back and the man was walking and staring at me. I was scared and kept walking as fast as I could. Someone passes me in a hurry and it was that man; he had passed me.

Then I felt relieved but not completely. For the streets were not so full. I had the feeling that I was still in danger. I keep walking and a block away from my place I work in an alleyway a boy my age or maybe younger, I don't know, and with a gun pointed at me and told me to give him my wallet. I can't even move, I'm in shock. Then the guy takes my wallet, pulls out my cell phone and leaves. Inside my wallet were many important things. My C.D. my keys, cards, important papers, you know, the usual stuff someone carries in their wallet.

Then, that man who was sitting next to me saw what was happening and ran after the thief but I shouted with all my might to stop, it was something very risky.

I told him that I was sure I would be robbed but I thought it would be him. The man told me that he was surprised that I didn't recognize him because I had been working as a building guard for two weeks.

On the days of the robbery I received one from the police station telling me that they had recovered my wallet and that I should go to the station to pick it up. That young man had been arrested for other robberies and among the things they found in his house was my wallet. I couldn't get my phone back, though.

# Historia 4

## Español: Cicatrices

Cuando era pequeña, todos los niños que conocí tuvieron varicela. Mis hermanas mayores tuvieron varicela y mi madre me hizo dormir con ellas porque la varicela es una infección viral muy contagiosa que causa un sarpullido como una ampolla en la piel y es muy pruriginosa, pero yo nunca tuve varicela. Pensé que nunca tendría varicela, que era inmune o algo así porque mi madre y su madre nunca tuvieron varicela. Una Navidad fui a visitar a mis primos en un pueblo cercano a mi ciudad, cuando regresé me salieron unas burbujas en la cara, el cuello y las manos y como toda persona joven y terca me las quité porque no sé por qué es satisfactorio reventar los granos que me salen, así que decidí quitarme los 5 "granos" que me habían salido. Cada vez que me los quitaba, volvían a salir rápidamente. En ese momento estaba en la boda de un amigo de la familia y de repente empecé a sentirme un poco mal, al día siguiente vi que tenía un sarpullido en mi cuerpo y pensé "Me intoxiqué con la comida que comí ayer, ¡no debería haber comido tanto! A la mañana siguiente, cuando me desperté, cada centímetro de mi cuerpo estaba cubierto de burbujas, mi hermana es enfermera, así que cuando me vio al instante me dijo "tienes varicela", lo único que pensé en ese momento fueron las horribles marcas que me quedarían en la cara. Tenía tanta varicela que probablemente quedaran muchas marcas en mi cuerpo aunque nunca me rascara. Durante una semana no me levanté de la cama ni usé ropa, sólo comí y vi programas.

Un día me levanté para ir al baño y por accidente me miré en el espejo, no sé por qué no lo había hecho antes, cuando vi ese espectro me asusté mucho, pero me di cuenta de que esa cosa horrible era yo, tenía la cara muy hinchada y horrible. Lloré inconsolablemente incluso cuando las burbujas se secaron y las costras comenzaron a caer, me sentí terrible porque mi cara se veía muy mal. Las peores cicatrices estaban en mi cara. Me sentí inseguro por un tiempo pero luego empecé a aceptar el hecho de que iba a vivir con esas cicatrices, así que las acepté como parte de mi vida y ya no son un motivo de inseguridad. Las veo y ya no me molesta que estén ahí. Me recuerdan que cada momento difícil puede ser superado, que ayer sufrí, que ayer lloré pero hoy soy más fuerte. Más fuerte que nunca, diría yo, soy muy fuerte.

## English: Scars

When I was little, all the kids I knew got chickenpox. My older sisters got chickenpox and my mother made me sleep with them because chickenpox is a very contagious viral infection that causes a blister-like skin rash and is very itchy, but I never got chickenpox. I thought I would never get chicken pox, that I was immune or something because my mom and her mom never got chicken pox. One Christmas I went to visit my cousins in a town near my city, when I returned I got some bubbles on my face, neck and hands and like every young and stubborn person I removed them because I do not know why it is satisfactory to burst the pimples that come out so I decided to remove the 5 "pimples" that had come out. Every time I removed them they came back up quickly. At that time I was at the wedding of a family friend and suddenly I started to feel a little sick, the next day I saw that I had a rash on my body and I just thought "I got food poisoning from some food I ate yesterday, I shouldn't have eaten so much! The next morning when I woke up every inch of my body was covered with bubbles, my sister is a nurse so when she saw me instantly she said "you have chicken pox" the only thing I thought at that moment were the horrible marks that would be left on my face. I had so much chickenpox that there would probably be many marks left on my body even if I never scratched myself. For a week I didn't get out of bed or wear clothes, I just ate and watched shows.

One day I got up to go to the bathroom and by accident I looked at myself in the mirror, I don't know why I hadn't done it before, when I saw that specter I was very scared, but I realized that that horrible thing was me, I had a very swollen and horrible face. I cried inconsolably even when the bubbles dried up and the scabs started to fall off, I felt terrible because my face looked so bad. The worst scars were on my face. I felt insecure for a while but then I started to accept the fact that I was going to live with those scars so I accepted them as part of my life and they are no longer a reason for insecurity. I see them and it doesn't bother me anymore that they're there. They remind me that every hard moment can be overcome, that yesterday I suffered, that yesterday I cried but today I am stronger. Stronger than ever, I would say, I am very strong.

# Historia 5

## Español: La fea del salón

Andrea has always been different. Since her childhood all the other children laughed at her because she had very big ears and also a nose, she had crooked teeth, her hair was frizzy all the time. Her complexion was always more than white with many freckles that splashed all over her body in a deep red. His arms hung from his shoulders like unkempt wires. And all this was adorned with huge colored glasses that hid her small round eyes.

Although her family accepted her as she was, Andrea was not happy. She knew very well that because of her physical appearance they would always bother her, but she knew that in her heart she was the same as the rest of the children even though her feelings were not cruel towards others, including them. She, like the others, also liked to play and dress up, go outdoors, enjoy the park and do some sport. Andrea was not afraid to be different because her parents had taught her that differences do not subtract, on the contrary, they always add. She always played alone, and that never bothered her while she was still a child. However, every day she had to put up with the jokes and insults from the children at her school. The most popular child was the one who bothered her the most, and the one who was hardest on her was the one who made all the other kids make fun of her or criticize her constantly. But when she was alone, she would look at her but not make fun of her.

When she finished school and went to high school it was time to go to college. Her mother accompanied her to the dentist because she was finally going to get rid of her braces after many years, and when she left she would go shopping. While at the mall they went to a spa that was also a beauty salon. After a day of relaxation they offered Andrea a makeover.

The next morning her parents took her to the train station and there they took a picture. Andrea got on the train and went to college. When she arrived she was nervous but very excited, full of confidence and not afraid. She arrived at the new students' meeting and began to make friends very easily, not because of her looks, although she certainly looked prettier than before, she looked like an ordinary girl and no one judged her there. Everyone was different, it seems that in the university everyone is more mature and doesn't pay as much attention to your appearance. Andrea finally had friends, real friends who valued her for what really mattered and appreciated her true beauty.

Years went by and Andrea came home for Christmas vacation. During those days there was a high school reunion. Andrea was the first to arrive and thought she had been given the wrong address. One by one, her classmates arrived but did not recognize her because she was in the background on a wire with her hearing aids. When they started talking at some point they talked about Andrea.

—What do you think happened to Andrea? I mean, we don't know anything about her.

—Have you received the invitation?

—I hope so, I really feel bad that we treated her badly, but she has to accept that she is ugly

—The boy who was always bothering her got up and said:

—The only reason why I bothered her and was cruel is because I really liked her and I was too stupid for her, I would like to apologize for that I organized this meeting

—Seriously?

—I can't believe it, you were always the most popular and seemed to disown it

—No, I think that we children are sometimes very stupid and act contrary to what we feel

—Who would have thought it...

Then Andrea spoke in a loud voice saying.

—It's funny you should say that now that you liked me when you hurt me so much. Although that never made me ashamed of who I am or how I am. Unlike you, you should be ashamed of the people you are now as adults. Getting out of here made me understand a lot of things, and I have become wiser. I have understood that I don't need to be pretty to be a good person, I don't need to be popular to have good friends, I don't need to be pretty to have a good life. Just being smart and good is enough to do all that.

—You are absolutely right, now that I am an adult I apologize for all I did.

—I appreciate you apologizing and I accept your apology. But excuse me, I have better things to do.

So Andrea left that place with her head held high, feeling very proud of herself.

## English: The Ugly One in The Class

Andrea has always been different. Since her childhood all the other children laughed at her because she had very big ears and also a nose, she had crooked teeth, her hair was frizzy all the time. Her complexion was always more than white with many freckles that splashed all over her body in a deep red. His arms hung from his shoulders like unkempt wires. And all this was adorned with huge colored glasses that hid her small round eyes.

Although her family accepted her as she was, Andrea was not happy. She knew very well that because of her physical appearance they would always bother her, but she knew that in her heart she was the same as the rest of the children even though her feelings were not cruel towards others, including them. She, like the others, also liked to play and dress up, go outdoors, enjoy the park and do some sport. Andrea was not afraid to be different because her parents had taught her that differences do not subtract, on the contrary, they always add. She always played alone, and that never bothered her while she was still a child. However, every day she had to put up with the jokes and insults from the children at her school. The most popular child was the one who bothered her the most, and the one who was hardest on her was the one who made all the other kids make fun of her or criticize her constantly. But when she was alone, she would look at her but not make fun of her.

When she finished school and went to high school it was time to go to college. Her mother accompanied her to the dentist because she was finally going to get rid of her braces after many years, and when she left she would go shopping. While at the mall they went to a spa that was also a beauty salon. After a day of relaxation they offered Andrea a makeover.

The next morning her parents took her to the train station and there they took a picture. Andrea got on the train and went to college. When she arrived she was nervous but very excited, full of confidence and not afraid. She arrived at the new students' meeting and began to make friends very easily, not because of her looks, although she certainly looked prettier than before, she looked like an ordinary girl and no one judged her there. Everyone was different, it seems that in the university everyone is more mature and doesn't pay as much attention to your appearance. Andrea finally had friends, real friends who valued her for what really mattered and appreciated her true beauty.

Years went by and Andrea came home for Christmas vacation. During those days there was a high school reunion. Andrea was the first to arrive and thought she had been given the wrong address. One by one, her classmates arrived but did not recognize her because she was in the background on a wire with her hearing aids. When they started talking at some point they talked about Andrea.

—What do you think happened to Andrea? I mean, we don't know anything about her.

—Have you received the invitation?

—I hope so, I really feel bad that we treated her badly, but she has to accept that she is ugly

—The boy who was always bothering her got up and said:

—The only reason why I bothered her and was cruel is because I really liked her and I was too stupid for her, I would like to apologize for that I organized this meeting

—Seriously?

—I can't believe it, you were always the most popular and seemed to disown it

—No, I think that we children are sometimes very stupid and act contrary to what we feel

—Who would have thought it...

Then Andrea spoke in a loud voice saying.

—It's funny you should say that now that you liked me when you hurt me so much. Although that never made me ashamed of who I am or how I am. Unlike you, you should be ashamed of the people you are now as adults. Getting out of here made me understand a lot of things, and I have become wiser. I have understood that I don't need to be pretty to be a good person, I don't need to be popular to have good friends, I don't need to be pretty to have a good life. Just being smart and good is enough to do all that.

—You are absolutely right, now that I am an adult I apologize for all I did.

—I appreciate you apologizing and I accept your apology. But excuse me, I have better things to do.

So Andrea left that place with her head held high, feeling very proud of herself.

# Historia 6

## Español: La peor cita de la historia

Un día un amigo arregló una cita a ciegas con una amiga suya. Todo lo que sabía era que era un tipo bueno y decente. No hice más preguntas. Cuando llegamos al lugar noté que el chico era muy guapo y se vestía muy bien. Entramos en el restaurante, que era muy bonito y parecía caro, y nos sentamos a la mesa para pedir la comida. Mirando el menú vi que había demasiados platos deliciosos y muy elegantes, la verdad es que no conocía la mayoría de los platos excepto unos pocos. No quería comer y pedir algo caro, así que pedí una carbonara y vino blanco. Mi cita halagó mi sofisticado gusto y cuando pidió lo que quería comer, me sorprendió totalmente, pidió todo lo que era desagradable en ese menú. Lo peor fue el hígado de cebolla, los aros de cebolla, y todo lo que era vinagre y ajo. Mientras comíamos continuamos hablando, yo traté de hablar más porque del otro lado de la mesa podía sentir el olor que salía de su boca, además no era una conversación interesante. Cuando el muchacho terminó de comer se levantó para ir al baño y enseguida el mesero trajo la cuenta y el muchacho no salió del baño por lo menos por 25 minutos, yo estaba muy avergonzado así que decidí pagar la cuenta y luego él salió del baño y le dije que ya había pagado. Los planes eran ir al cine después de la cena pero fingí estar cansado, enfermo, que tenía que trabajar temprano, usé muchas excusas pero a medida que me excusaba hablaba más y no podía tolerar más ese olor a cebolla y a ajo. Insistió tanto que acepté ir al cine y cuando compramos las entradas y las palomitas de maíz del país pedí mentas, que era la única solución al problema principal. Cuando estaba a punto de pagar empezó a tocarse por todas partes y me dijo que había perdido su tarjeta y que si volvía a pagar en ese momento me lo devolvería. Ni siquiera había empezado a ver películas y ya se había comido la mitad de las palomitas de maíz y se había tomado el refresco. Cuando empezó la película se inclinó hacia mí más y más y se rió con especial fuerza y todos en la habitación nos miraban como si quisieran matarnos. De hecho, nos sacaron de la habitación por su culpa. Estaba enfadado porque nos habían sacado de la habitación y repetía constantemente que estaba muy ofendido y entonces se ofreció a llevarme a casa. Pero no podía dejar que quisiera entrar después, así que me despedí así: Me despedí así: "Pagué por tu cena y tus palomitas de maíz, ten estos caramelos de metano para tu boca, por favor cuídate y no me vuelvas a llamar en tu vida. Gracias." Sonreí sarcásticamente, me di la vuelta y me fui a casa para contarle a mi amigo la terrible experiencia.

## English: The Worst Date Ever

One day a friend arranged a blind date with a friend of hers. All I knew was that he was a good and decent guy. I didn't ask any more questions. When we arrived at the place I noticed that the boy was really handsome and dressed very well. We went into the restaurant which was very beautiful and seemed to be expensive and we sat down at the table to order the food. Looking at the menu I saw that there were too many delicious and very elegant dishes, the truth is that I did not know most of the dishes except for a few. I didn't want to eat and order something expensive so I ordered a carbonara and white wine. My date complimented my sophisticated taste and when she ordered what she wanted to eat, I was totally surprised, she ordered everything that was unpleasant on that menu. The worst was the onion liver, onion rings, and all that was vinegar and garlic. While we were eating we continued talking, I tried to talk more because on the other side of the table I could feel the smell coming from his mouth, besides it was not an interesting conversation. When the boy finished his meal he got up to go to the bathroom and right away the waiter brought the bill and the boy didn't come out of the bathroom for at least 25 minutes, I was dead embarrassed so I decided to pay the bill and then he came out of the bathroom and I told him that I had already paid. The plans were to go to the movies after dinner but I pretended to be tired, sick, that I had to work early, I used a lot of excuses but as I excused myself I talked more and I could no longer tolerate that smell of onions and garlic. She insisted so much that I agreed to go to the movies and when we were buying the tickets and the country popcorn I asked for mints which was the only solution to the main problem. When I was about to pay he started touching himself everywhere and told me that he had lost his card and that if I could pay that time again he would pay me back. He hadn't even started the movies yet and had already eaten half the popcorn and taken the soda. When the movie started he was leaning towards me more and more and laughing particularly hard and everyone in the room was looking at us as if they wanted to kill us. In fact, we were taken out of the room because of him. He was angry that we had been taken out of the room and was constantly repeating that he was really offended and then he offered to take me home. But I couldn't let him want to come in afterwards so I said goodbye like this: I said goodbye like this: "I paid for your dinner and your popcorn, have these methane candies for your mouth, please take care of yourself and never call me again in your life. Thank you." I smiled sarcastically, turned around and went home to tell my friend about the terrible experience.

# Historia 7

## Español: ¡No aguanto a mi suegra!

Debo comenzar esta historia diciendo que tengo una suegra peculiar...

Cuando conocí a la chica de mis sueños supe inmediatamente que me casaría con ella. No dudé en acercarme a ella e instantáneamente congeniamos y nos llevamos muy bien. Con el paso de los meses quisimos tener una relación seria, así que llevé a mi novia a casa de mis padres y tuvimos un gran fin de semana. Comimos en un buen restaurante, jugamos algunos juegos de mesa, vimos una película, incluso fuimos de excursión. Fue excelente, mis padres la adoraron. Luego me tocó a mí conocer a sus padres y tuve las mismas expectativas del fin de semana que pasamos con mis padres.

Cuando entré en su casa me di cuenta de muchas cosas. La primera fue que tal vez su padre quería matarme, y que mi novia había heredado la belleza de su madre. Son idénticas. Apenas me dieron la mano, cuando les dije que era un placer conocerlos ni siquiera dijeron "el placer es todo mío" o "igualmente". Entendí que mi novia es hija única y que probablemente son padres celosos. No dormimos en la misma habitación, de hecho, su padre durmió en la sala de estar y entiendo por qué. Por la noche intenté colarme en la habitación donde dormía mi novia y encontré a su padre durmiendo en el sofá de la sala como un perro guardián. Estaba muy claro que no les gustaba.

Mi novia y yo empezamos a vivir juntos y de repente mi suegra siguió visitándonos, y ella tenía una opinión sobre todo. ¡Me hizo la vida imposible! Odiaba a esa mujer.

Un día mi novia se fue en un viaje de negocios y yo me enfermé, me sentí terriblemente mal. Y un día me desmayé y cuando me desperté estaba en el hospital y en mi mano derecha estaba mi suegra mirándome y le pregunté qué había pasado y me alegré "te desmayaste". Entonces veo a mi madre entrar y mi suegra sale de la habitación diciendo "avísame si pasa algo, ¿vale? y mi madre responde "por supuesto".

Cuando sale le digo a mi madre "gracias a Dios que viniste a cuidarme, esa mujer pudo haberme matado mientras dormía" y mi madre se ríe y dice "fueron los padres de tu novia los que te trajeron aquí, y estuvieron a tu lado toda la noche, además pagaron por todo". Llegué hace una hora.

Estaba confundido, no podía creerlo, la única relación entre los dos era un odio mutuo. ¿Cómo podría alguien que me odia cuidar de mí. Mi madre sigue hablando y me dice que parecían muy preocupados por mi salud y que expresaban lo importante que yo era para su hija y por lo tanto para ellos y que era un buen chico.

Cuando mi madre sale de la habitación del hospital mi suegra entra y dice

"¿Cómo te sientes?"

"¿Por qué me ha cuidado si me odia?"

"Hay cosas de ti que no me gustan, pero no te odio. No creo que nadie sea lo suficientemente bueno para mi bebé. La razón por la que no nos gustas es porque tal vez pensamos diferente es porque venimos de una época diferente. No nos gusta el hecho de que vivan juntos sin ningún tipo de compromiso. El matrimonio es para nosotros una demostración de compromiso y lealtad. Y eso es lo que queremos para nuestra querida hija. Sin embargo, nos preocupamos por ti porque nos haces felices haciéndonos saber cada oportunidad que tienes. En algún momento supongo que querrás casarte con ella. Entonces serás mi hijo también, no puedo dejarte morir.

Nunca había pensado en el matrimonio pero el hecho de que no quería una vida si mi novia no estaba a mi lado. Esas palabras tocaron mi corazón y desde ese momento no volví a sentir odio por mi suegra o mi suegro. Mi novia y yo nos casamos y tenemos dos hijos que aman a sus abuelos.

## English: I Can't Stand My Mother-in-law!

I must begin this story by saying that I have a peculiar mother-in-law...

When I met the girl of my dreams I instantly knew that I would marry her. I didn't hesitate to approach her and instantly we clicked and got along great. As the months went by we wanted to have a serious relationship so I took my girlfriend to my parents house and we had a great weekend. We ate at a nice restaurant, played some board games, watched a movie, even went on a field trip. It was excellent, my parents loved her. Then it was my turn to meet her parents and I had the same expectations of the weekend we spent with my parents.

When I walked into her house I realized many things. The first was that maybe her father wanted to kill me, and that my girlfriend had inherited her mother's beauty. They are identical. They barely shook my hand, when I told them that it was a pleasure to meet them they didn't even say "the pleasure is all mine" or "equally". I understood that my girlfriend is an only child and they are probably jealous parents. We didn't sleep in the same room, in fact, her father slept in the living room and I understand why. At night I tried to sneak into the room where my girlfriend slept and found her father sleeping on the living room couch like a guard dog. It was very clear that they did not like me.

My girlfriend and I started to live together and suddenly my mother-in-law kept visiting us, and she had an opinion on everything. She made my life impossible! I hated that woman.

One day my girlfriend went away on a business trip and I got sick, I felt terribly ill. And one day I fainted and when I woke up I was in the hospital and on my right hand was my mother-in-law looking at me and I asked her what had happened and I was happy "you fainted". Then I see my mother come in and my mother-in-law comes out of the room saying "let me know if anything happens, okay? and my mother answers "of course".

When he comes out I tell my mother "thank goodness you came to take care of me, that woman could have killed me in my sleep" and my mother laughs and says "it was your girlfriend's parents who brought you here, and they were by your side all night, plus they paid for everything. I arrived an hour ago.

I was confused, I couldn't believe it, the only relationship between the two of them was a mutual hatred. How could someone who hates me take care of me. My mother continues to talk and tells me that they seemed really concerned about my health and that they expressed how important I was to their daughter and therefore to them and that I was a good boy.

When my mother leaves the hospital room my mother-in-law comes in and says

"How do you feel?"

"Why has he taken care of me if he hates me?"

"There are things about you that I don't like, but I don't hate you. I don't think anyone is good enough for my baby. The reason we don't like you is because maybe we think differently is because we come from a different time. We don't like the fact that you live together without any kind of commitment. Marriage is for us a demonstration of commitment and loyalty. And that is what we want for our beloved daughter. Yet we care about you is because you make us happy by letting us know every chance you get. At some point I suppose you will want to marry her. Then you will be my son too, I can't let you die.

I had never thought about marriage but the fact that I didn't want a life if my girlfriend wasn't by my side. Those words touched my heart and from that moment on I never again felt hatred for my mother-in-law or father-in-law. My girlfriend and I got married and have two children who love their grandparents.

# Historia 8

## Español: Aves inusuales

Un hombre de 75 años se había quedado solo, ya que su esposa había muerto hace 5 años y nunca tuvieron hijos. Este hombre era muy querido en su vecindario, todos lo cuidaban y estaban atentos a su salud y cuidado. El viejo salía por la mañana a buscar el periódico a unas pocas manzanas de su casa y se sentaba a leer el periódico y a hablar con sus amigos mientras le lustraban los zapatos. A mitad del día almorzaba en el pequeño restaurante de unos viejos amigos. Todos los días hacía lo mismo como rutina. Por la noche miraba la televisión, por la noche cenaba, leía un libro y se acostaba para hacer lo mismo al día siguiente.

Un día salió a su patio trasero y de repente vio caer algo del árbol que estaba en su jardín. El hombre va a este lugar y cuando llega se inclina y se da cuenta de que lo que había caído del árbol eran tres muy pequeños, tal vez habían nacido hace unas horas. El hombre entró con los pajaritos y buscó en Internet para saber cómo cuidarlos a veces. El hombre los alimentó, los protegió y los cuidó y poco a poco crecieron. El hombre tenía curiosidad por saber qué tipo de pájaros eran las pequeñas criaturas que cuidaba. Así que buscó en Internet pero no pudo encontrar ningún pájaro que se pareciera a los pájaros. Los días pasaron y el hombre estaba feliz y los pájaros obedecieron al hombre, eran los mejores pájaros cada vez que silbaba los pájaros venían a él. Después de un tiempo un amigo visitó a este hombre y cuando le habló de los pájaros eran buitres y le dijo que debía dejarlos en algún lugar lejos de su casa antes de que se hicieran más grandes. El hombre llevó a los pajaritos unas horas desde su casa a las afueras del pueblo donde vivía el hombre y se despidió de esos pájaros y les agradeció por los días que le trajeron felicidad a su vida.

Unos años más tarde el hombre miró por la ventana y vio 3 buitres en la distancia y supo de inmediato que eran los que había cuidado una vez. Los pájaros se quedaron allí un rato y luego se fueron y nunca los volvió a ver, pero el hombre siempre los recordó con cariño.

## English: Unusual Birds

A 75-year-old man had been left alone, as his wife had died 5 years ago and they never had any children. This man was very loved in his neighborhood, everyone took care of him and was attentive to his health and care. The old man would go out in the morning to get the newspaper a few blocks away from his house and sit down to read the newspaper and talk with friends while his shoes were being shined. In the middle of the day he would have lunch at the small restaurant of some old friends. Every day he did the same thing as a routine. In the evenings he watched television, at night he ate dinner, read a book and went to bed to do the same thing the next day.

One day he went out to his backyard and suddenly saw something fall from the tree that was in his garden. The man goes to this place and when he arrives he bends down and notices that what had fallen from the tree was three very small ones, maybe they had been born a few hours ago. The man went in with the little birds and looked on the internet to find out how to take care of them sometimes. The man fed them, sheltered them and took care of them and little by little they grew. The man was curious about what kind of birds the little creatures he was caring for were. So he searched the internet but couldn't find any birds that looked like birds. The days passed and the man was happy and the birds obeyed the man, they were the best birds every time he whistled the birds came to him. After some time a friend visited this man and when he told him about the birds they were vultures and he told him that he should leave them somewhere far away from his house before they grew even bigger. The man took the little birds a few hours from his house to the outskirts of the town where the man lived and said goodbye to those birds and thanked them for the days that brought happiness to his life.

A few years later the man looked out the window and saw 3 vultures in the distance and knew right away that they were the ones he had once cared for. The birds stayed there for a while and then left and he never saw them again, but the man always remembered them fondly.

# Historia 9

## Español: La barbería

Diego es un caballero adulto y es un barbero. La barbería de Diego es la más famosa de la ciudad. Diego es un hombre muy agradable. Todos los días la gente viene a su barbería por un corte. Nadie puede cortar los bigotes y las barbas mejor que él. Es barbero desde los 19 años y ahora tiene 69, ¿te imaginas? 50 años de experiencia como barbero. Este hombre comenzó a cortar el pelo en las calles, y también de vez en cuando lustraba zapatos para ganar dinero extra porque su sueño era tener su propia barbería. Después de 14 años de duro trabajo abrí su barbería, sólo estaba él, un espejo, un par de muebles y sus tijeras, manta, espuma y otras herramientas de barbero; no era mucho pero era su sueño.

A la barbería van todo tipo de hombres, desde jóvenes hasta maduros, niños y adolescentes que llevan a sus padres a hacerse su primer corte, y uno muy elegante debo decir, hombres con todo tipo de estilo. En esa barbería todos son iguales pero todos son diferentes.

Por otro lado. Tenemos que hablar del ambiente de la barbería. La barbería tiene un estilo muy retro. Es una habitación con ladrillos y bombillas colgantes porque se abrió hace muchos años. Todo es acogedor con música, hermosas pinturas y buenas anécdotas y chistes. Realmente es un ambiente muy agradable. Siempre hay jazz de fondo. Puedes ver una escena de clientes sentados en la espera y los barberos, algunos contando historias, otros listos para escucharlas. Algunas sillas de barbería al estilo de los años 50 dominan el visual, ancladas en el suelo, rojas, con apoyabrazos de aluminio que brillan como espejos. Una luz fluorescente rebota en el suelo pulido e ilumina toda la habitación. Los espejos con bordes biselados hacen que la habitación parezca más grande de lo que realmente es. Tijeras, peines y varios productos para el cabello se exhiben en un mostrador de fórmica.

Hay lugares a los que vas constantemente donde parece que el tiempo no pasa.

Un día un joven fue a la barbería para cortarse el pelo y también para recortarse la barba. Como es costumbre en las barberías, comenzó una agradable conversación. Hablaron de muchas cosas y tocaron varios temas, tocando de repente el tema de la juventud.

El barbero le pregunta:

—¿El mismo corte?

—Sí - respondió el joven

—Nada interesante. La misma historia sobre la navaja que fue dañada y no se puede reparar.

—Creo que deberías comprar una nueva, Diego.

—Listo, como nueva, -dice el Sr. Diego.

—El joven se mira en el espejo y veo una escena aburrida reflejada en el espejo de atrás.

—¿Qué pasa? ¿Se ha quedado atrás?

—No, eso no es lo que dice el barbero

Todos le preguntaron qué le pasaba, porque el hombre parecía estar triste y preocupado. Todo el mundo seguía preguntando o intentando adivinar, pero el hombre no hablaba; sólo veía una cara triste.

—"Es el último día de la barbería," dijo con voz temblorosa.

—"¿Por qué?" Todos preguntaron

—Todo llega a su fin, y por muchas razones ya no puedo continuar con la barbería

El joven que acababa de cortarse el pelo pensó por un momento que trabajaba en el banco donde el Sr. Diego era cliente. El hombre salió rápidamente y dijo:

—Espérame.

Corre directamente al banco y comienza a investigar y descubre que el Sr. Diego tuvo que pagar la hipoteca de la barbería. El hombre comienza a escribir cartas y a preparar otros documentos. Luego corre a la barbería y dice...

—Sr. Diego he conseguido aplazar el pago de la hipoteca, sólo necesitamos reunir el dinero, pero tenemos tiempo.

Todos los que aún estaban en la barbería comenzaron a levantarse y a decir que contribuirían, hasta que todos los que estaban en esa sala se levantaron y estuvieron listos para ayudar.

Con lágrimas en los ojos el Sr. Diego dice:

—¿Por qué me ayudas?

Y todos responden que la barbería se sentía como un hogar para ellos. Así que todos ayudaron al Sr. Diego y salvaron ese acogedor lugar donde todos se divertían y tenían los mejores cortes de pelo.

## English: Barber Shop

Diego is an adult gentleman and is a barber. Diego's barbershop is the most famous barber shop in town. Diego is a very nice man. Every day people come to his barbershop for a cut. Nobody can cut moustaches and beards better than him. He has been a barber since he was 19 years old and now he is 69, can you imagine? 50 years of experience as a barber. This man started cutting hair on the streets, and also from time to time he shined shoes to earn extra money because his dream was to have his own barbershop. After 14 years of hard work I opened his barbershop, there was only him, a mirror, a couple of pieces of furniture and his scissors, blanket, foam and other barber tools; it was not much but it was his dream.

To the barbershop goes all kinds of men, from young to mature men, children and teenagers who take their parents to have their first cut, and a very elegant one I must say, men with all kinds of style. In that barbershop everyone is the same but everyone is different.

On the other hand. We have to talk about the atmosphere of the barbershop. The barbershop has a very retro style. It is a room with bricks and hanging light bulbs because it had been opened many years ago. Everything is cozy with music, beautiful paintings and good anecdotes and jokes. It really is a very nice atmosphere. There is always jazz in the background. You can see a scene of customers sitting on the wait and barbers, some telling stories, others ready to hear them. Some barbershop chairs in the style of the fifties dominate the visual, anchored to the floor, red, with aluminum armrests shining like mirrors. A fluorescent light bounces off a polished floor and illuminates the entire room. Mirrors with beveled edges make the room look bigger than it really is. Scissors, combs and various hair products are displayed on a Formica counter.

There are places you go to constantly where it seems that time does not pass.

One day a young man went to the barbershop to get his hair cut and also trim his beard. As is the custom in barbershops, a pleasant conversation began. They talked about many things and touched on various topics, suddenly touching on the subject of youth.

The barber asks him:

—Same cut?

—Yes - answered the young man

—Nothing interesting. The same story about the razor that was damaged and beyond repair.

—I think you should buy a new one, Diego.

—"Ready, as new," says Mr. Diego.

—The young man looks in the mirror and I see a dull scene reflected in the mirror behind him.

—What happens? Has it been left behind?

—No, that's not what the barber says

Everyone asked what was wrong with him, because the man seemed to be sad and worried. Everyone kept asking or trying to guess, but the man did not speak; you just saw a sad face.

—"This is the last day of the barbershop," he said in a trembling voice.

—"Why?" they all asked

—Everything comes to an end, and for many reasons I can no longer continue with the barbershop

The young man who had just had a haircut thought for a moment as he worked at the bank where Mr. Diego was a client. The man came out quickly and said:

—Wait for me.

He runs directly to the bank and begins to investigate and discovers that Señor Diego had to pay the mortgage on the barbershop. The man begins to write letters and prepare other documents. He then runs to the barbershop and says

—Mr. Diego I have managed to defer the mortgage payment, we just need to raise the money, but we have time.

Everyone who was still in the barbershop began to stand up and say they would contribute, until everyone in that room stood up and was ready to help.

With tears in his eyes Mr. Diego asks

—Why do you help me?

And everyone answers that the barbershop felt like a home for them. So they all helped Mr. Diego and saved that cozy place where everyone was having a good time and had the best haircuts.

# Historia 10

## Español: Historia de un camarero

Ser camarero es una de las profesiones más sacrificadas que existen. Hay muchas cosas de las que podemos hablar; las horas, clientes y jefes que a veces son bueno o maleducados. Es una realidad hay muchos que se puede decir. Al comienzo eres simpático con todo el mundo porque eres nuevo, pero luego de muchos en los que tienes que aguantar que terminas tolerando todo tipo de situaciones y ya no te importa el mal trato de las personas. Incluso a veces existe rivalidad entre mismos compañeros del trabajo. El ser camarero debería ser catalogado como un trabajo de alto riesgo. Presenciamos todo tipo de eventos sumándole por las conversaciones que tienen que escuchar y las situaciones incomodas. Cuando eres camarero la gente a menudo piensa que ni siquiera estás allí. Así es común escuchar cosas personales, y muy locas. No es que yo sea chismoso o todos los camareros lo sean son cosas que son imposible de no ver o escuchar.

### Una vez pasé una propuesta de matrimonio embarazosa

Una noche una pareja tenía una reservación para dos. Pidieron el menú del día y pidieron el plato y el vino más costoso. Les serví la comida pero antes de comerla el hombre se puso de rodillas y le propuso matrimonio a la mujer delante de todo el mundo. La mujer se cubrió la cara, sin responder parecía estar llorando de la emoción o que había quedado atónita pero lo que ocurrió es que el hombre estuvo como 15 minutos hablando por qué debían casarse e intentando que la mujer dijese que sí. Jamás había sentido tanta pena ajena en mi vida, fue lo más incómodo que he presenciado. Lo peor de esta historia es que la mujer se fue y mi jefe me dijo que debía ir a dejar la cuenta a la mesa, y me acerque y le dije "aquí está la cuenta" mientras el hombre un estaba de rodillas. El hombre comenzó a llorar, pago la cuenta y mis compañeros y yo nos comimos aquella comida en la cocina.

## Enojados

Un grupo de amigos fueron a comer y pidieron todo lo que había en el menú, y comieron hasta no dejar ni una rodaja de tomate de la ensalada. Parecían tener un buen trabajo pues todos vestían con ropa que usa cualquier ejecutivo. Ninguno de ellos pedía la cuenta aun y había pasado media hora luego que terminaron de comer así que me acerque con la cuenta y pregunte quien pagaría y la forma de pago. Uno de ellos enojado me dice que aún no habían pedido la cuenta entonces pregunto si ordenarían algo más, y la respuesta fue un simple "no" a lo que yo respondí "entonces aquí dejo la cuenta y cuando estén listos para pagar pueden llamarme" entonces todos comenzaron a discutir quien iba a pagar la cuenta y yo no sabía si darme la vuelta e irme o quedarme allí. También fue una situación incómoda pues discutían y se quejaba el uno del otro. Luego de un largo rato me pasa una tarjeta de debido la cual fue rechazada por falta de fondo. Uno de ellos me pasa una de crédito y ocurrió lo mismo. Todos se miraban las caras y hubo un silencio como de cinco minutos, entonces les propuse que pagaran lo que habían comido individualmente. Entonces así hicieron excepto los dos cuya tarjeta había sido rechazada, lo gracioso es que uno de ellos me dijo que si podía pagar luego o que si yo podía prestarle dinero. Al final pagaron toda la comida pero fue algo inaudito viniendo de personas que tenían ropa que yo no puedo ni pagar.

### Atrevidos

Esta misma semana fue la noche de los juegos de mesa en el restaurante. Ayudé a una pareja de alrededor de 45 años o más a responder algunas preguntas. Nos reímos y pasamos un rato agradable. Sin embargo, en un momento en un momento la señora se acerca inclinándose a su esposo y le susurra: "Es una persona atractiva ¿Le pedimos que venga con nosotros?" Yo no hice ningún gesto o movimiento agarro el dado y hago como si no hubiese escuchado. Cuando termino la noche se quedaron un rato más, pidieron unas bebidas y cuando se iban a ir me dijeron:

"esta propina es para ti"

y luego yo les digo "Ah, muchas gracias, es muy generoso"

Si, bueno… ¿nos das tu número de teléfono?

Yo simplemente sonreí y me di la vuelta.

### Una escenita

Una vez una pareja llego al restaurante, ordenaron y se veían muy tranquilos el hombre va al baño y yo voy comienzo a servir la comida y vuelve el hombre. La mujer de pronto le dice que sabía que lo estaba engañando junto en el momento que el hombre se sienta y yo servía las bebidas. Creo que estaban celebrando su aniversario y el hombre ni lo desmintió ni lo afirmo simplemente miraba la mujer. Supongo que el hombre se quedó callado porque creería que sería menos probable que ella montase una escena y pues sí, montó una gran escena mientras gritara y movía las manos y aplaudía con fuerza el hombre se tomaba la bebida. La mujer se fue y el hombre se comió su comida y cuando termino de comer todo pagó y se fue.

## Sin escrúpulos

Un hombre que aparentemente era director general de una empresa llevo a unas personas a comer pues resulta que el hombre los llevo a comer y cuando comenzaban a comer les estaba diciendo con orgullo que habían sido despedidos había una mujer que parecía estar embarazada, una joven que estoy casi seguro que era una recién graduada de la universidad y tambien un hombre al que le quedaban uno o dos años para jubilarse. Cuando el hombre dijo todo eso les paso unos papeles y ni probó su plato, se levantó sacó dinero de su cartera y se fue y encima no dio propina.

## Solitaria

Una mujer fue al restaurante con una reservación para una persona, lo recuerdo muy bien porque no hay muchas reservaciones para una sola persona. Cuando fui a atender su mesa no sé por qué me dio una sensación de tristeza y sentí mucha pena por ella porque la reservación era de cumpleaños así que debía llevarle un pequeño pastel como último plato. Fui muy amable y cordial con aquella mujer y cuando le lleve el pastel me invito a sentarme con ella y obviamente no podía así que le dije que no podía hacerlo pero mi jefa escucho la conversación y me dijo que me sentara con ella. Así que me senté y comí de aquel pastel que de hecho no sabía que era tan delicioso. Y como dije anteriormente, fui muy amable y le pregunte muchas cosas y sentí aún más pena saber que no tiene amigos y que sus padres habían muerto. Cuando termine de comer le dije que tenía que seguir trabajando y le pedí su número para estar en contacto con ella. Ahora me escribe en cada momento del día, y se enoja si no le contesto los mensajes. Me arrepiento de haberlo hecho pero en fin. Fue un acto de cortesía que salió mal.

**Una charla muy sucia**

Un grupo de amigas fue a comer y mientras servía cada plato escuchaba anécdotas un poco pasadas de tono. Aquellas mujeres eran muy jóvenes y hablaban de cosas que ni yo sabía o jamás había hecho. Me pregunto que se les enseña a la juventud de hoy en día, a mí nadie me enseñó a hacer esas cosas…

# English: Story of a Waiter

Being a waiter is one of the most sacrificial professions that exist. There are many things we can talk about; the hours, clients and bosses who are sometimes good or rude. It is a reality there are many that can be said. At the beginning you are nice to everyone because you are new, but after many in which you have to endure that you end up tolerating all kinds of situations and you no longer care about the bad treatment of people. Sometimes there is even rivalry between the same co-workers. Being a waiter should be classified as a high risk job. We witness all kinds of events adding to the conversations they have to listen to and uncomfortable situations. When you're a waiter, people often think you're not even there. So it is common to hear personal things, and very crazy. It's not that I'm gossipy or all the waiters are, they are things that are impossible not to see or hear.

## I once passed an embarrassing marriage proposal

One night a couple had a reservation for two. They asked for the menu of the day and ordered the most expensive dish and wine. I served them the food but before eating it the man got on his knees and proposed to the woman in front of everyone. The woman covered her face, without answering, she seemed to be crying with emotion or that she had been stunned, but what happened is that the man spent about 15 minutes talking about why they should get married and trying to get the woman to say yes. I had never felt so much pain from others in my life, it was the most uncomfortable thing I have ever witnessed. The worst thing about this story is that the woman left and my boss told me that I should go and leave the bill on the table, and I approached her and said "here is the bill" while the man was on her knees. The man began to cry, he paid the bill and my colleagues and I ate that food in the kitchen.

## Angry

A group of friends went to eat and ordered everything on the menu, and they ate until there was not even a slice of tomato left in the salad. They seemed to have a good job as they all dressed in clothes that any executive wears. None of them asked for the bill yet and half an hour had passed after they finished eating so I approached with the bill and asked who would pay and how to pay. One of them angrily told me that they had not yet asked for the bill so I asked if they would order something else, and the answer was a simple "no" to which I replied "so here I leave the bill and when they are ready to pay they can call me" then They all started arguing who was going to pay the bill and I didn't know whether to turn around and leave or stay there. It was also an uncomfortable situation as they argued and complained about each other. After a long time he handed me a due card which was rejected for lack of funds. One of them handed me a credit card and the same thing happened. Everyone looked at each other's faces and there was a silence of about five minutes, so I suggested that they pay for what they had eaten individually. So they did so except for the two whose card had been rejected, the funny thing is that one of them told me if I could pay later or if I could lend him money. In the end they paid for all the food but it was something unheard of coming from people who had clothes that I can't even afford.

## Daring

This same week it was board game night at the restaurant. I helped a couple aged around 45 and over answer some questions. We laugh and have a good time. However, at one point in time the lady leans over to her husband and whispers to him: "He is an attractive person. Do we ask him to come with us?" I did not make any gesture or movement, I grab the dice and pretend I hadn't heard. When the night was over they stayed a while longer, ordered some drinks and when they were going to leave they told me:

"This tip is for you"

and then I say "Ah, thank you very much, it's very nice"

Yes, well... can you give us your phone number?

I just smiled and turned around.

## A little scene

Once a couple arrived at the restaurant, they ordered and they looked very calm, the man goes to the bathroom and I start serving the food and the man returns. The woman suddenly tells him that she knew she was cheating on him together the moment the man sat down and I served the drinks. I think they were celebrating their anniversary and the man neither denied it nor affirmed it, he simply looked at the woman. I guess the man kept quiet because he thought she would be less likely to make a scene and yes, he made a great scene while yelling and waving and clapping loudly as the man drank his drink. The woman left and the man ate his food and when he finished eating everything he paid and left.

## Unscrupulous

A man who was apparently the CEO of a company took some people to eat because it turns out that the man took them to eat and when they began to eat he was proudly telling them that they had been fired there was a woman who seemed to be pregnant, a young woman who I'm pretty sure she was a recent college graduate and also a man who had one or two years left to retire. When the man said all that, he handed them some papers and did not even taste his plate, he got up, took money from his wallet and left and did not tip.

## Lonely

A woman went to the restaurant with a reservation for one person, I remember it very well because there are not many reservations for one person. When I went to attend her table, I don't know why she gave me a feeling of sadness and I felt very sorry for her because the reservation was for her birthday so I had to bring her a small cake as the last course. I was very kind and cordial with that woman and when she brought her the cake she invited me to sit with her and obviously I couldn't, so I told her I couldn't but my boss overheard the conversation and told me to sit down with her. So I sat down and ate that cake that I actually didn't know was so delicious. And as I said before, I was very kind and asked her many things and I felt even more sad to know that she has no friends and that her parents had died. When I finished eating I told her that I had to keep working and asked her for her number to be in contact with her. Now she writes to me every moment of the day, and she gets angry if I don't answer her messages. I regret having done it but anyway. It was an act of courtesy gone wrong.

## A dirty talk

A group of friends went to eat and while she was serving each dish, she listened to anecdotes that were a bit out of tune. Those women were very young and they talked about things that neither I knew nor had ever done. I wonder what the youth of today are taught, nobody taught me to do those things...

# Historia 11

## Español: Conductor de taxi

Ser taxista es un trabajo que todo el mundo ve como común, lo cual es aburrido y poco interesante.

Tengo muchas historias y anécdotas de mis días como taxista. Todo tipo de gente viaja en mi taxi y aunque normalmente permanecemos en silencio la gente a veces ignora que oímos y vemos todo lo que dicen y hacen. He estado en todo tipo de situaciones, desde situaciones realmente incómodas, hasta tristes, divertidas, estresantes o muy enojadas. Y de ninguna manera un solo día ha sido aburrido

Mi taxi ha sido montado por gente cordial, muy grosera, gente que habla y otros que difícilmente dicen dónde debo llevarlos. Desde pasajeros muy extraños hasta pasajeros con armas, los taxistas tienen que aguantar todo. A veces historias divertidas y a veces lo contrario. He visto gente peleando dentro de mi taxi, otros llorando, otros nerviosos, y otros realmente apurados. He visto muchas caras durante mi tiempo como taxista: rupturas, despedidas de soltero, peleas y reconciliaciones, situaciones de lo más surrealistas... Aquí hay una pequeña compilación.

A veces suceden cosas realmente desagradables, por ejemplo, una vez que unos jóvenes estaban tan borrachos que no recordaban la dirección de su casa y uno vomitó en la parte trasera de mi taxi, fue realmente desagradable.

A las 2 de la mañana tres mujeres entraron y no hablaron durante todo el camino. Por el espejo retrovisor pude ver que la mujer que estaba entre las dos más jóvenes parecía no sentirse muy bien, parecía estar mareada o algo así, ni siquiera tenía los ojos abiertos. Los dejé en el hospital como me habían pedido. Y esperé un momento y en la puerta del hospital pidieron ayuda y dijeron que parecía que su madre había muerto.

Una adorable anciana subió a mi taxi, me halagó diciendo que era muy guapo y me hizo un intenso interrogatorio, cuando estacioné el auto insistió en entrar a su casa para tomar el té, no quise ser grosero y le dije que sólo podía hacerlo por media hora, cuando estaba en la habitación esperando el té me presentó a su nieta "la soltera" y me dijo que debíamos salir...

En otra ocasión una mujer me hizo conducir siguiendo a su novio, o más bien espiándolo, y luego pasamos más de una hora dentro del taxi. Ella quería ver la cara de la mujer con la que estaba engañando. Resultó ser su amiga. Cuando la mujer salió del taxi y empezó a discutir con su novio y su amigo, esperé mucho tiempo por mi dinero. La mujer se fue enfadada, así que le dije al novio que alguien debería pagarme. El tipo me pagó después de decir un par de groserías, pero al menos recuperé mi dinero, y me lo gané muy bien. Tuve que soportar mucho.

## English: Taxi Driver

Being a cab driver is a job that everyone sees as common, which is boring and uninteresting.

I have many stories and anecdotes from my days as a cab driver. All kinds of people ride in my cab and although we usually remain silent people sometimes ignore that we hear and see everything they say and do. I have been in all kinds of situations, from really uncomfortable situations, to sad, to funny, to stressful, to very angry. And in no way has a single day been boring

My cab has been ridden by cordial people, very rude people, people who are talkative and others who hardly say where I should take them. From really strange passengers to passengers with guns, cab drivers have to put up with everything. Sometimes funny stories and sometimes the opposite. I've seen people fight inside my cab, others cry, others nervous, and others really in a hurry. I have seen many faces during my time as a cab driver: breakups, bachelor parties, fights and reconciliations, situations of the most surreal... Here is a small compilation.

Sometimes really unpleasant things happen, for example once some young people were so drunk that they didn't remember their home address and one threw up on the back of my cab, it was really unpleasant.

At 2 a.m. three women got in and didn't talk the whole way. From the rear-view mirror I could see that the woman who was between the two youngest seemed not to be feeling very well, she seemed to be dizzy or something, she didn't even have her eyes open. I left them at the hospital as I had been asked. And I waited a moment and at the door of the hospital they called for help and said it looked like their mother was dead.

An adorable old lady got into my cab, flattering me by saying that I was very handsome and she made an intense interrogation, when I parked the car she insisted on entering her house to have tea, I did not want to be rude and I told her that she could only do it for half an hour, when I was in the room waiting for the tea she introduced me to her granddaughter 'the single one' and told me that we should go out

On another occasion a woman made me drive around following her boyfriend, or rather spying on him, and then we spent more than an hour inside the cab. She wanted to see the face of the woman with whom she was cheating. It turned out to be her friend. When the woman got out of the cab and started arguing with her boyfriend and her friend, I waited a long time for my money. The woman left angry so I told the boyfriend that someone should pay me. The guy paid me after saying a couple of rude things, but at least I got my money back, and very well earned it. I had to put up with a lot.

# Historia 12

## Español: Enfermera

La enfermería es una profesión en la que ocurren todo tipo de situaciones. En ciertos casos, las leyendas urbanas no alcanzan a cubrir el trabajo de las enfermeras en los hospitales o centros de salud en su trabajo diario. La capacidad de sorpresa de las enfermeras es infinita.

Tengo 26 años y soy enfermera. Nunca me consideré valiente, de hecho me asustaba fácilmente y solía bloquearme en situaciones en las que las cosas salían mal. He tenido muy poco tiempo como enfermera y creo que he vivido lo suficiente para considerarme sabia por todo lo que he visto, experimentado y hecho. He aprendido a manejar todo tipo de situaciones y personas. La gente me dice lo difícil que puede ser bañar a alguien, darle su medicina y ponerle una inyección.

Déjeme decirle.

Recientemente una señora entró en la sala de emergencias del hospital con su gato pidiendo ser vacunada. Cuando le dijimos que no podíamos, se fue enfadada, maldiciendo y diciendo que éramos unos inútiles.

En otra ocasión vino un hombre porque había leído en su horóscopo que iba a tener un mes difícil y que tenía que cuidar su salud. Cuando el médico le preguntó qué síntomas tenía o cómo se sentía, nos dijo que no tenía nada, pero que iba a prevenirlo. La verdad es que ni el doctor ni yo pudimos evitar reírnos.

Una pareja llegó a la sala de emergencias pero actuaron como si estuvieran escondiendo algo, y hablaron despacio. Justo cuando la mujer dijo que su marido había tomado sildenafil, la gente se quedó en silencio y toda la sala de emergencias escuchó. Lo más gracioso de todo esto es que era una pareja de al menos 65 años. Recuerdo muy bien, y esta historia es graciosa, un hombre con un tatuaje hasta el cuello llegó a la sala de emergencias y tuvimos que darle una inyección y el hombre se movía cada vez que nos acercábamos a darle la inyección. Así que le pregunté si sus tatuajes eran pegatinas y dijo que no, que eran reales, le pregunté si le dolía mucho y me dijo "sí, pero puedo soportarlo", así que le dije "las máquinas de tatuaje tienen al menos 5 agujas, ¿le temes a una sola?" el hombre seguía sin permitirse la inyección y tuvimos que sujetarlo entre 4 enfermeras, ¿puedes creerlo?

Cuando eres enfermera también te conviertes en psicóloga. La gente que está en el hospital creo que se aburre o necesita desahogarse. Muchas veces me han contado la historia de sus vidas, sus abuelos, historias de su infancia, o toda la historia con lujo y detalles de cómo llegaron allí. Una mujer con sobrepeso llegó al hospital con un fuerte dolor abdominal cuando el dolor la examinó y le dijo que iba a dar a luz y que tenían que preparar todo urgentemente. Al final tuvo un hermoso niño que estaba vestido con la ropa que la mujer de la habitación de al lado le había prestado. Fue muy divertido. Un niño fue hospitalizado con neumonía, yo lo estaba alimentando y de repente el niño me mordió y me dijo que yo era una mala persona que lo estaba sosteniendo en el hospital. No todo es malo, también hay historias muy conmovedoras, por ejemplo una mujer que estaba agradecida por mi cuidado y atención me envió unas rosas con una hermosa foto de su familia y una hermosa nota. Realmente me hizo muy feliz.

## English: Nurse

Nursing is a profession in which all kinds of situations happen. In certain cases, urban legends fall short of the work of nurses in hospitals or health centers in their day-to-day work. The capacity for surprise of nurses is infinite.

I am 26 years old and a nurse. I never considered myself brave, in fact I was easily frightened and used to block myself in situations where things went wrong. I have had very little time as a nurse and I think I have lived long enough to consider myself wise from everything I have seen, experienced and done. I have learned to handle all kinds of situations and people. People tell me how hard it can be to bathe someone, give them their medicine and give them a shot.

Let me tell you.

Recently a lady came into the hospital emergency room with her cat asking to be vaccinated. When we told her we couldn't, she left angry, cursing and saying we were good-for-nothing.

Another time a man came because he had read in his horoscope that he was going to have a difficult month and that he had to take care of his health. When the doctor asked him what symptoms he had or how he felt, he told us that he had nothing but that he was going to prevent it. The truth is that neither the doctor nor I could help but laugh.

A couple arrived at the emergency room but they acted as if they were hiding something, and they spoke slowly. Just when the woman said that her husband had taken sildenafil, the people were silent and the entire emergency room listened. What is most hilarious about this is that it was a couple of at least 65 years old.

I remember very well, and this story is funny, a man with a tattoo up to his neck came to the emergency room and we had to give him an injection and the man moved every time we approached to give him the injection. So I asked him if his tattoos were stickers and he said no they were real, I asked him if it was too painful and he said "yes, but I can take it" so I said "tattoo machines have at least 5 needles, are you afraid of just one" the man still wouldn't let himself get the injection and we had to hold him down between 4 nurses, can you believe that?

When you are a nurse you also become a psychologist. People who are in the hospital I think they get bored or need to blow off steam. Many times they have told me the story of their lives, their grandparents, stories of their childhood, or the whole story with luxury and details of how they got there.

An overweight woman came to the hospital with severe abdominal pain when the pain examined the woman and told her that she was giving birth and that they had to prepare everything urgently. In the end she had a beautiful baby boy who was dressed in clothes that the woman in the next room had lent her. It was very funny.

A child was hospitalized with pneumonia, I was feeding him and suddenly the child bit me and told me that I was a bad person who was holding him in the hospital.

Not everything is bad, there are also very touching stories, for example a woman who was grateful for my care and attention sent me some roses with a beautiful picture of her family and a beautiful note. It really made me very happy.

# Historia 13

## Español: La fiesta

Algunos jóvenes estaban en la casa de uno de ellos pasando el rato y entre la conversación llegaron los planes para una fiesta.

—Necesitamos comida y bebida.

—Creo que unos nachos serán geniales

—Pero no podemos comer nachos, necesitamos algo más...

—Podemos pedir pizza y algunas mini hamburguesas, ¿qué te parece?

—Eso está mucho mejor, ¿y la bebida?

—Algunos refrescos y algunas cervezas.

—Es bueno que seamos lo suficientemente mayores y tengamos un permiso para beber alcohol porque somos mayores de edad.

—Sí, gracias a Dios, ¿quién va a comprarlos?

—Vamos en mi coche, voy a comprarlo, tú vienes conmigo.

—¿Quién ordenará las pizzas y hamburguesas?

—Yo me encargaré de eso, pero tenemos que recaudar suficiente dinero...

—Bien, tenemos que organizarnos con el dinero...

—¿Tenemos suficiente?

—Sí, todos tenemos.

—¿Y la decoración?

—Pondré algunas luces, se verá muy bien.

—Perfecto, sólo corre la voz de que habrá una fiesta el sábado

El día de la fiesta llegó y la gente siguió llegando. Cinco veces más gente llegó de la que esperaba en menos de una hora, toda la comida había desaparecido y la bebida estaba a punto de terminarse. Los jóvenes que habían organizado la fiesta estaban preocupados porque ya no tenían nada que ofrecer a los que estaban en la fiesta.

Las cosas seguían empeorando, la gente seguía llegando y no había más espacio en la casa. Todo el lugar estaba lleno de gente. Y las horas pasaban y los jóvenes organizadores no podían controlar la situación, se estaba saliendo de control.

Se estaba haciendo tarde y los vecinos empezaron a mirar por sus ventanas y sus caras mostraban su incomodidad y disgusto.

Los jóvenes comenzaron a correr la voz de que la fiesta había terminado y la gente simplemente los ignoró. Así que se reunieron en el sótano para decidir qué hacer

—¿Qué hacemos ahora?

—Te juro que si algo se daña o pasa algo peor y nuestros padres se enteran de que estamos todos muertos.

—Nadie nos escucha, nadie quiere irse, nos ignoran!

—¿Y si llamamos a la policía?

—Pueden arrestarnos y tendríamos que pasar al menos una noche en la comisaría.

—Es una idea terrible

—No es tan terrible. Mi primo acaba de empezar a trabajar como policía. Puedo llamarlo y hacer que venga con el coche de policía y espero que cuando todos oigan la sirena salgan corriendo.

—¡¿Y POR QUÉ NO LO DIJISTE ANTES?!

—No lo pensé antes.

—¿Qué esperas? Date prisa, llámalo.

—No hay respuesta.

—Sigue intentándolo," dijo uno de ellos

—Ese intento

—Entonces deja un mensaje de voz, un mensaje de texto

—Bien, voy a...

El primo de la policía no respondió a las llamadas o mensajes y los jóvenes salieron frente a la casa con la cabeza inclinada, se habían rendido. De repente escucharon una sirena y sonrieron internamente y actuaron como si el evento fuera real. La gente empezó a salir corriendo de la casa a gran velocidad hasta que sólo quedaban ellos. Cuando el policía se acercó, su sonrisa se desvaneció de su rostro al ver que no era el policía que esperaban.

—Venid a la casa, jóvenes, estáis arrestados —dijo el policía.

Los jóvenes entraron muertos de miedo y comenzaron a disculparse y a explicar lo que había sucedido, una de las muchachas comenzó a llorar diciendo que sus estudios se habían echado a perder.

—El policía dice: ¿entienden la gravedad de su situación y lo que ha pasado aquí?

—Sí," dijeron todas.

—Eso es bueno. Tu primo me envió aquí porque estaba ocupado. Espero que esto no vuelva a suceder. Así que empieza a limpiar ahora. Tienes una hora.

Los niños dejaron la casa impecable. Al día siguiente los padres del chico donde se hizo la fiesta llegaron y lo despertaron.

—¿Qué quieres preguntarnos? No es normal que limpien la casa...

—Nada mamá, sólo quería ayudar un poco...

—¿Estás segura de que eso es todo?

—Sí, ¿por qué habría otra razón?

—Los vecinos nos llamaron, y nos enviaron fotos de tu fiesta. Estás castigada como tus amigos. Tus padres ya lo saben.

# English: The Party

Some young people were at the house of one of them hanging out and in between the conversation came the plans for a party.

—We need food and drink.

—I think some nachos will be great

—But we can't just eat nachos, we need something else

—We can order pizza and some mini burgers, how about that?

—That's much better, and the drink?

—Some soft drinks and some beers

—It's a good thing we're old enough and have a permit to drink alcohol because we're of age

—Yes, thank goodness, who's going to buy them?

—Let's go in my car, I'm going to buy it, you come with me

—Who will order the pizzas and burgers?

—I'll take care of that, but we have to raise enough money

—Right, we need to get organized with the money

—Do we have enough?

—Yes, we all do

—And the decoration?

—I'll put up some lights, it'll look great

—Perfect, just spread the word that there will be a party on Saturday

The day of the party arrived and people kept arriving. Five times more people arrived than were waiting in less than an hour, all the food was gone and the drink was about to be finished. Those young people who had organized the party were worried because they no longer had anything to offer to those at the party.

Things kept getting worse, people kept arriving and there was no more room in the house. The whole place was full of people. And the hours passed and the young organizers couldn't control the situation, it was getting out of hand.

It was getting late and the neighbors started looking out their windows and their faces showed their discomfort and displeasure.

The young people began to spread the word that the party was over and people simply ignored them. So they gathered in the basement to decide what to do

—What do we do now?

—I swear to you that if anything is damaged or worse happens and our parents find out we are all dead.

—No one listens to us, no one wants to leave, they ignore us!

—What if we call the police?

—They can arrest us and we would have to spend at least one night in the police station.

—It's a terrible idea

—Not so terrible. My cousin just started working as a cop I can call him and have him come with the police car and hopefully when everyone hears the siren they will run away

—AND WHY DIDN'T YOU SAY SO BEFORE?!

—I didn't think of it before

—What do you expect? Hurry up, call him

—No answer

—Keep trying," said one of them

—That attempt

—Then leave a voice message, a text message

—Okay, I'm going...

The police cousin did not answer the calls or messages and the young people came out in front of the house with their heads bowed, they had given up. Suddenly they heard a siren and smiled internally and acted as if the event were real. The people began to run out of the house at great speed until only they were left. When the policeman approached, his smile faded from his face as he saw that he was not the policeman they were waiting for.

—Come into the house, young people, you are under arrest," said the policeman.

The young people entered dead of fear and began to apologize and explain what had happened, one of the girls began to cry saying that their studies had gone to the dogs.

—The policeman says: do you understand the seriousness of your situation and what has happened here?

—Yes," they all said.

—That's good. Your cousin sent me here because he was busy. I hope this doesn't happen again. So start cleaning up now. You have one hour.

The kids left that house spotless. The next day the parents of the boy where the party was held arrived and woke him up.

—What do you want to ask us? It's not normal for you to clean the house

—Nothing mom, I just wanted to help a little...

—Are you sure that's all it is?

—Yes, why would there be another reason?

—The neighbors called us, and sent us pictures of your party. You're grounded just like your friends. Your parents already know that.

# Historia 14

## Español: ¿Hermanas o enemigas?

Hay algunas personas que están cegadas por la ambición y ninguna cantidad de amistad puede impedirles alcanzar sus objetivos. Es cierto que hay que amar a los amigos tal como son, pero una de las tareas más complicadas a las que te puedes enfrentar es tratar con un colega muy competitivo. ¿Qué haces cuando recibes una oferta de trabajo? Él o ella también lo hará y utilizará todo tipo de trucos para que lo elijan. Esa persona lo tomará como si fuera la final de la Copa del Mundo. A veces no sólo hay rivalidad entre enemigos o amigos, sino también entre hermanos.

Esa es la historia de dos hermanas Elizabeth y Eliana. Elizabeth era la hermana mayor y la más pacífica entre ellas. Elizabeth sobresalía sin ella por su belleza y su inteligencia era muy extrovertida pero tenía un pequeño círculo de amigos que le bastaba. Eliana es la hermana menor y siempre destacó más que su hermana mayor porque se esforzó por hacer que se viera bien y fuera perfecta. Ambas hermanas sólo estaban separadas por 10 meses y por eso su madre decidió que ambas hermanas debían ir juntas a la escuela. Por esa razón, Elizabeth era la mayor de su clase, lo que significaba que tuvo que retrasarse un año por el deseo de su madre de que sus dos hijas estudiaran juntas y se cuidaran mutuamente. La hermana mayor era la más atenta a sus estudios y hacía todos sus deberes y proyectos. Eliana lloraba cuando Elizabeth hacía un proyecto mejor que el suyo y su madre le pedía a Elizabeth que dejara el suyo. Elizabeth nunca tuvo problemas con eso porque siempre quiso a su hermana.

Cuando estaban en el instituto, cada vez que a Elizabeth le gustaba un chico, Eliana hacía todo lo posible para robarle la atención del chico. Seguramente ese trabajo no le interesaba tanto, ese juego no era su vida, ni había mirado nunca a ese chico, su único objetivo era conseguir toda la atención para ella misma.

Esto no sólo ocurría con las tareas, los niños, la ropa, esto ocurría con todo. Eliana siempre quiso lo mejor para ella y quería que todo fuera para ella. Eliana trata a sus amigos mejor que a su hermana. Y siempre que podía, hablaba mal de Elizabeth o se burlaba de ella.

Un día Elizabeth se cansó de la situación y sin mucha explicación le dijo a su madre que pasaría las vacaciones de verano en casa de sus tíos y trabajaría con ellos. Y la madre aceptó. Eliana también pidió ir, pero sus tíos dijeron que sólo podían tener uno. Así que Eliana se embarcó en una aventura para hacer todo lo posible para que su tía y su tío o su madre dejaran ir a Elizabeth. Eliana finalmente logró su objetivo y se aseguró de que ninguno de ellos fuera a la casa de sus tíos. Elizabeth renunció a cualquier deseo de hacer algo por su hermana. Eliana comenzó a hacer diferentes actividades para llamar la atención incluso en los deportes, que era algo en lo que no era muy buena. En un juego Eliana se lesionó y la única persona que corrió tras ella fue su hermana y la llevó a la enfermería. Mientras estaba allí ella dijo:

—¿Entiendes que soy tu hermana y no tu enemiga? La única persona que siempre te amará aunque seas una persona terrible siempre seré yo, no tus amigos, ni tus fans porque pueden ver los verdaderos problemas y quien realmente eres se irá. Pero yo te conozco, y te conozco muy bien, y aún así no me he apartado de tu lado y todavía te apoyo, tolero y amo. Siempre seré el que se quede a tu lado. No entiendo por qué me odias y me haces la vida imposible.

—No te odio, Elizabeth. Te admiro, quiero ser tú, o al menos ser un poco de lo que eres.

—¿Entonces por qué actúas así?

—No lo sé.

—Me haces daño, ¿lo sabes?

—Creo que nunca fue mi intención, sólo quería superarte, no hacerte daño.

—Bueno… Lo haces

—Entiendo... Realmente necesitaba que me dijeras eso, necesitaba parar. Eres la mejor hermana que conozco. No creo que pueda amar a alguien como yo...

—¿Me perdonas?

—Te perdoné hace mucho tiempo Eliana.

—Enséñame a ser como tú

—No puedo, sólo tú puedes decidir quién o qué quieres ser.

—Tienes razón.

—Vámonos a casa.

—Gracias, Elizabeth, por todo.

Después de ese evento Eliana dejó de competir con su hermana y comenzó a seguir su ejemplo. Aunque no fue un cambio inmediato, su hermana estaba allí para mostrarle el camino...

El amor y el afecto pueden soportar muchas cosas, pero el amor puede superarlo todo.

## English: Sisters or Enemies?

There are some people who are blinded by ambition and no amount of friendship can stop them from achieving their goals. It's true that you have to love your friends as they are, but one of the most complicated tasks you can face is dealing with a very competitive colleague. What do you do when you get a job offer? He or she will also do it and use all kinds of tricks to get them to choose him or her. That person will take it as if it were the World Cup final. Sometimes there is not only rivalry between enemies or friends, sometimes there is rivalry between siblings.

That's the story of two sisters Elizabeth and Eliana. Elizabeth was the older sister and the more peaceful one between them. Elizabeth stood out without her because of her beauty and her intelligence was very outgoing but she had a small circle of friends which was enough for her. Eliana is the younger sister and always stood out even more than her older sister because she strove to make him look good and be perfect.

Both sisters were only 10 months apart and for that reason her mother decided that both sisters should go to school together. For that reason, Elizabeth was the oldest in her class, meaning she had to be delayed a year because of her mother's desire for her two daughters to study together and take care of each other. The older sister was the most attentive to her studies and did all of her and her sister's homework and projects. Eliana would cry when Elizabeth would do a better project than hers and her mother would ask Elizabeth to give up hers. Elizabeth never had a problem with that because she always loved her sister.

By the time they were in high school, every time Elizabeth liked a boy, Eliana did everything she could to steal the boy's attention. Surely that job didn't interest her that much, that game wasn't her life, nor had she ever looked at that boy at all, her only goal was to get all the attention for herself.

This didn't just happen with chores, kids, clothes, this happened with everything. Eliana always wanted the best for her and wanted everything to be for her. Eliana treats her friends better than her sister. And whenever she could, she would badmouth Elizabeth or make fun of her.

One day Elizabeth got tired of the situation and without much explanation told her mother that she would spend the summer vacations at her aunt and uncle's house and work with them. And the mother accepted. Eliana asked to go too but her uncles said they could only have one.

So Eliana set out on an adventure to do everything possible to get her aunt and uncle or her mother to let Elizabeth go. Eliana finally achieved her goal and made sure that neither of them went to her aunt and uncle's house.

Elizabeth gave up any desire to do anything because of her sister. Eliana started doing different activities to get attention even in sports which was something she was not very good at. In one game Eliana got injured and the only person who ran after her was her sister and took her to the infirmary. While there she said:

—Do you understand that I am your sister and not your enemy? The only person who will always love you even though you are a terrible person will always be me, not your friends, not your fans because they can see the real problems and who you really are will leave. But I do know you, and I know you very well, and yet I have not left your side and I still support, tolerate and love you. I will always be the one who stays by your side. I do not understand why you hate me and make my life impossible.

—I don't hate you Elizabeth. I admire you, I want to be you, or at least be a little of what you are.

—Then why do you act like this?

—I don't know.

—You're hurting me, do you know that?

—I think that was never my intention, I just wanted to get over you, not hurt you

—Well, you hurt me…

—I understand... I really needed you to tell me that, I needed to stop. You are the best sister I know. I don't think I could ever love someone like me

—Do you forgive me?

—I forgave you a long time ago Eliana.

—Teach me to be like you

—I can't, only you can decide who or what you want to be

—You are right.

—Let's go home.

—Thank you, Elizabeth, for everything.

After that event Eliana stopped competing with her sister and began to follow her example. While it wasn't an immediate change but her sister was there to show her the way

Love and affection can endure many things but love can overcome everything.

# Conclusión

Aquí hay algunas recomendaciones para tu viaje de aprendizaje.

El inglés no se aprende de la noche a la mañana, no hay una fórmula secreta que te haga aprender en un mes. Ni siquiera este audiolibro puede hacer eso. Incluso si has terminado de escuchar cada historia, eso no garantiza que hablarás inglés automáticamente. Al contrario, debes escucharlo una y otra vez para que quede grabado en tu memoria.

¡Eso es lo que deben hacer! Así que sigue practicando y tendrás éxito.

CPSIA information can be obtained
at www.ICGtesting.com
Printed in the USA
BVHW041442020321
601493BV00011B/728